Susanne Bohne studierte Germanistik und arbeitete als Designerin, bevor sie - inspiriert von ihrer Tochter - anfing, Kinderbücher mit "Wilma Wochenwurm" zu schreiben und zu illustrieren. Sie findet, dass Humor eine gute Überlebensstrategie ist und dass die kleinen Dinge des Lebens oft größer sind, als sie scheinen. Davon erzählt auch ihr Roman „Das schräge Haus", der im Dezember 2019 im Rowohlt Taschenbuch Verlag erschienen ist.

Auf ihrem Blog "Hallo liebe Wolke" spricht Susanne Bohne mit Wolken über ihren Alltag zwischen Schriftstellerin und Mamasein, und stellt viele ihrer Geschichten für Kinder kostenlos zur Verfügung.

halloliebewolke.com
wilmawochenwurm.de

Hallo liebe Wolke

Wilma Wochenwurm erklärt:

Virus & Co

Eine Lerngeschichte für Kinder
in Kita und Grundschule
von Susanne Bohne

Bibliografische Information der Deutschen Nationalbibliothek: Die Deutsche Nationalbibliothek verzeichnet diese Publikation in der Deutschen Nationalbibliografie; detaillierte bibliografische Daten sind im Internet über dnb.dnb.de abrufbar.

© 2020 Susanne Bohne / Hallo liebe Wolke
Text & Illustrationen: Susanne Bohne
Alle Rechte vorbehalten.

Herstellung und Verlag: BoD – Books on Demand, Norderstedt

ISBN 978-3-752-89896-5

Hallo du!
Ich bin Wilma Wochenwurm und heute erzähle ich dir die Geschichte, wie ich einmal krank war und eine schlimme Schnupfennase hatte.
Wer mir geholfen hat, wieder fit und gesund zu werden, was es mit den Viren auf sich hat - und wie man sich - auch du! - davor schützen kann, überhaupt krank zu werden, das liest du auf den nächsten Seiten. Kann es losgehen?

„Haaaatschi!"

Oh je, wer niest denn da so laut, dass es auf der ganzen Wiese am Ende der Straße zu hören ist?

Hahaaahaaaatschi! tönt es noch einmal und dann putzt sich jemand sehr laut die Nase. „Oh je, oh je", jammert der jemand und dann sehen wir auch schon, wer das ist:

Die kleine, bunte Wilma Wochenwurm sitzt auf der Wiese, trägt einen dicken Schal, hat eine tomatenrote Nase und sieht ganz elend aus. Wieder putzt sie sich die Nase und trinkt dann einen großen Schluck heißen Salbeitee aus ihrer geblümten Lieblingsteetasse.

Gestern war Wilma noch quietschfidel und hat den ganzen Nachmittag mit ihrer Freundin Mona Monatswurm gespielt und abends hatte sie dann ein bisschen Halsschmerzen – und - schwupps! – ein kleines Weilchen später fing ihre Nase an zu laufen. Wilma hat es so richtig erwischt. Der kleine Wochenwurm ist krank. Und jetzt muss sie auch schon wieder niesen.

„Nein, das macht aber wirklich keinen Spaß", denkt Wilma und schnieft ein bisschen unglücklich. Denn wenn man krank ist, dann fühlt man sich nicht sehr gut. Das kennt Wilma ja eigentlich schon, denn sie war in ihrem Wurmleben bereits ein paar Mal krank.

Letztes Jahr im Sommer, zum Beispiel, da hatte sie Bauchschmerzen und Durchfall und im Winter bekommt sie meistens einmal Schnupfen und Husten und ein bisschen Halsweh und manchmal sogar Fieber. Und nun schmerzt ihr Kopf und der Hals kratzt und ihre Nase tropft und tropft.

Warst du auch schon mal krank?
Male hier ein Bild von dir als du krank warst.

„Oh je, ohjemine", jammert Wilma noch einmal, denn wenn man krank ist, muss man manchmal ein bisschen jammern.
Und weil Wilma ein kleines Bisschen jammert und dazu ganz oft sehr laut niesen muss, hört ihr Freund Fridolin das Jammern und Niesen auf der anderen Seite der Wiese und weiß sofort, was los ist.
Denn Fridolin ist - ebenso wie Wilma - kein gewöhnlicher Wurm.
Fridolin war auf der Wurm-Universität und hat Medizin studiert.

Dr. Fridolin Famos - der Doktor-Wurm

Dr. Fridolin Famos heißt er und ist ein Doktor-Wurm.
Ein Arzt hört natürlich schon von Weitem, was mit jemandem los ist, der so oft niesen muss. Deswegen wurmt Fridolin sofort mit seiner Arzttasche los, um Wilma zu helfen.

„Wilma!", ruft Fridolin schon von Weitem. „Ach du Arme!"
„Hallo Fridolin... ja, mit geht's nicht so gut", schnieft Wilma und friert plötzlich sehr. So sehr, dass sie ganz fest zittern muss. Fridolin legt ihr die Hand auf die Stirn und sagt: „Wilma, du gehörst erstmal ins Bett. Und dann sehen wir weiter."

Wilma legt sich ins Bett und Fridolin kocht ihr noch einen heißen Tee mit Honig und wurmt damit zu Wilma. Dann zieht er das Fieberthermometer, ein Stethoskop und ein Halsstäbchen aus seiner Arzttasche. Fridolin schaut in Wilmas Rachen, dazu muss Wilma den Mund weit öffnen, und der Doktor-Wurm erkennt sofort, dass Wilmas Hals knallrot und entzündet ist. Außerdem hat Wilma erhöhte Temperatur. Das liest Fridolin vom Fieberthermometer ab. Und dann soll Wilma tief ein- und ausatmen, während Fridolin ihr sanft das Stethoskop auf die Brust drückt und ihre Lunge abhört. Husten hat Wilma auch. Und Schnupfen sowieso.
„Hmmm", brummt Fridolin und setzt seine Brille ab. „Da hast du dir wohl ein Virus eingefangen."
„Virus?", schnieft Wilma. „Was ist denn das?"

Fridolin erklärt:

„Viren sind Krankheitserreger. Es gibt eine Menge verschiedene Viren und die sind so winzig, dass man sie mit bloßem Auge nicht sehen kann. Aber trotzdem gibt es sie und sie können alle Lebewesen, also alle Menschen und Tiere und sogar Pflanzen, krank machen. Du, liebe Wilma, hast wohl gerade ein Virus, das eine Erkältung verursacht."

Fridolin zieht ein Buch aus seiner Arzttasche und zeigt Wilma eine Abbildung, auf der man alle möglichen Viren sehen kann. Sie sehen aus wie Kugeln oder kleine Bälle. Auf ihrer Oberfläche haben sie unterschiedliche Borsten oder Stacheln oder kleine Noppen.
Und bunt sind sie außerdem. Eigentlich sehen sie ganz putzig aus, findet Wilma, wenn sie nur nicht so doof krank machen würden!

Fridolin erklärt weiter, dass die Viren überall leben können: in der Luft, im Wasser, auf dem Baum, im Wurm-Kindergarten und in der Wurm-Schule. Im Einkaufsladen, hinter der Rutsche, auf dem Klo. Einfach überall können Viren sein.

Mach mit!

Eigentlich haben Viren keine Gesichter.
Aber Wilma findet es trotzdem lustig, jedem einzelnen Virus ein lustiges, ein böses, ein gemeines und ein lachendes Gesicht zu malen.

Hilfst du ihr?

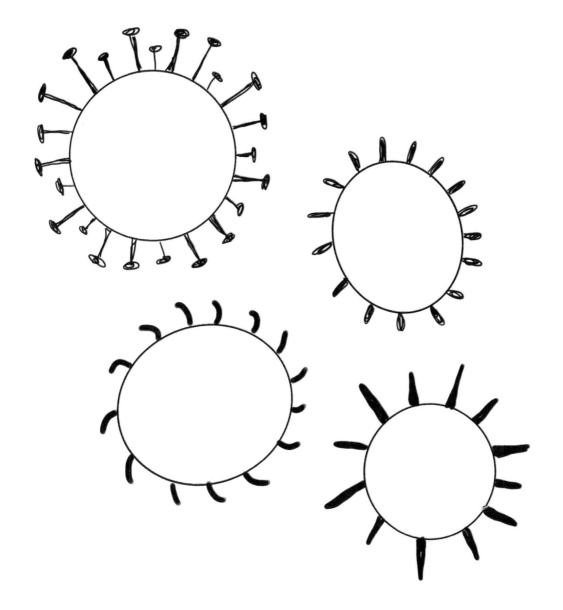

„Aber, Fridolin?", fragt Wilma und trinkt einen Schluck heißen Tee. „Warum machen uns die Viren denn krank? Wenn sie so klein sind, dass man sie nicht sehen kann, dann sind sie ja noch kleiner als Flöhe und die sind schon sehr, sehr klein. Und wenn etwas viel, viel, viel kleiner ist als ich, dann bin ich ja wohl viel, viel, viel stärker. Oder nicht?"

Dr. Fridolin Famos findet, das ist ein gutes Argument. Aber bei den Viren ist das ein bisschen anders.

„Wenn, zum Beispiel, so ein Schnupfenvirus in deine Nase gelangt ist, dann zwingt es deinen Körper unglaublich viele neue Schnupfenviren herzustellen. Das sollte man so einem winzigen Virus gar nicht zutrauen, dass es das kann. Ist aber wirklich so. Und das gefällt deinem Körper natürlich gar nicht. Das ist ja klar. Deswegen wirst du krank und bekommst eine Schnupfennase. So wie jetzt."

Wilma denkt genauer darüber nach, was Fridolin gesagt hat - und da fällt ihr auch schon direkt die nächste Frage ein:
„Und wieso wird man dann wieder gesund, Fridolin?"

Viren vermehren sich rasend schnell.
Zeichne doch noch ganz viele hinzu
und male sie bunt aus.

Der kleine Wochenwurm kann sich im Moment nämlich noch gar nicht so richtig vorstellen, überhaupt jemals wieder über die Wiese zu hüpfen und keine Schnupfennase mehr zu haben.

„Ha!", ruft Fridolin. „Das ist wirklich eine sehr gute Frage. Und die Antwort ist total spannend! Denn in unserem Körper gibt es so etwas wie eine Polizei. Eine Gesundheitspolizei, die man auch Immunsystem nennt. Und die hat ein tolles Abwehrsystem gegen krankmachende Eindringlinge. Immer, wenn ein Virus (oder ein anderer Krankheitserreger) deinen Körper angreift, gibt es eine Art Alarm und die Gesundheitspolizei rast dann los und sucht den Eindringling überall und so lange bis sie ihn gefunden hat. Dann kommen die Antikörper ins Spiel, das sind die Handschellen der Gesundheitspolizei. Die Antikörper passen nämlich wie Puzzleteilchen auf die Noppen der Viren und machen das Virus kampfunfähig, so dass es deinem Körper nicht mehr schaden kann."

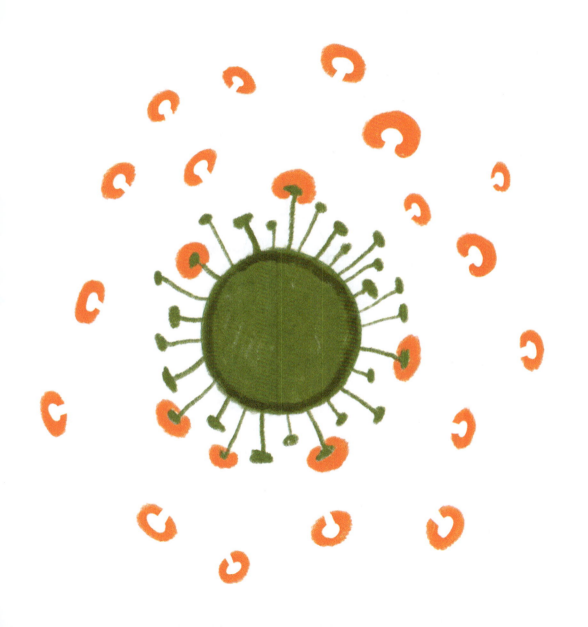

Virus-Puzzle
Findest du die passenden Antikörper?
Verbinde und hilf der Gesundheitspolizei!

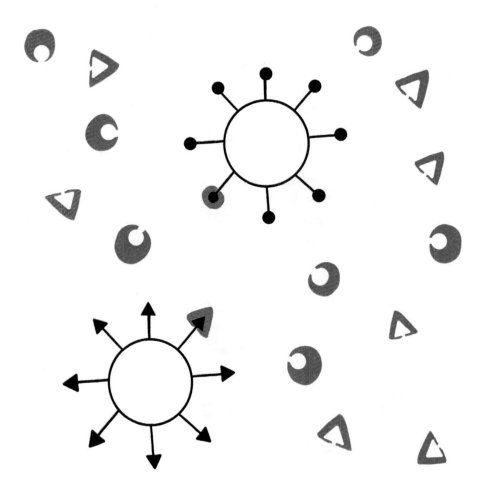

Kannst du die passenden Antikörper malen?

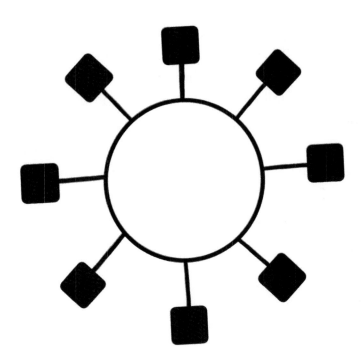

„Irgendwann hat dein Körper dann gewonnen, deine Gesundheitspolizei hat die Viren erfolgreich besiegt und du wirst wieder gesund. Und das beste ist:

Dein Immunsystem merkt sich, wie das Virus ausgesehen hat und kann beim nächsten Angriff noch schneller reagieren. Denn dann sind ja schon die richtigen Antikörper vorhanden, die auf die Noppen oder Stacheln, also auf die Oberfläche des Virus, haargenau passen. Allerdings...", sagt Fridolin und fühlt noch einmal Wilmas Stirn, die schon ein kleines bisschen kühler geworden ist „...allerdings können sich Viren auch tarnen. Als ob sie sich verkleiden würden. Dann passen die Antikörper natürlich nicht mehr und dann bekommst du wieder einen Schnupfen. Obwohl du ja schon mindestens fünf oder zehn Schnupfen in deinem Leben gehabt hast. So ist das mit den Viren. Aber keine Sorge, Wilma, deine Gesundheitspolizei schafft das schon. Und bald bist du wieder fit und ganz gesund."

„Wirklich?", schnieft Wilma,

„Wirklich", antwortet Fridolin. „Du solltest nun viel trinken und ein bisschen im Bett bleiben, schlafen und deinem Körper Ruhe gönnen."

Und daran möchte sich Wilma gern halten.

Dann brüht Fridolin noch einen leckeren Tee mit Honig auf, denn Wilma soll ja viel trinken. Er öffnet einmal kurz das Fenster, um frische Luft hereinzulassen, denn das sei auch wichtig, sagt er.

„Es gibt ein paar Dinge, die man beachten sollte, damit man den Viren erst gar keine Chance gibt, um sich mit ihnen anzustecken", erklärt Fridolin.
„Vielleicht kannst du sie mir aufschreiben bevor du gehst?", bittet Wilma, die sich sehr müde fühlt und gleich ein bisschen schlafen möchte.
„Ja, gern!", sagt Fridolin, der sich wieder seine Brille aufsetzt und nach einem Zettel sucht, auf dem er die Dinge notieren kann.

Regel Nummer 1
HÄNDE WASCHEN

Wasch dir regelmäßig und gründlich die Hände!

Anleitung:

1. Halte deine Hände unter den Wasserstrahl.
2. Nimm Seife und wasch damit deine Hände. Auch zwischen den Fingern und überall bis zum Handgelenk. Sing dabei zweimal das Lied „Happy Birthday".
3. Spüle den Schaum gründlich mit Wasser ab.
4. Trockne deine Hände mit einem Papiertuch oder einem sauberen Handtuch ab.

Regel Nummer 2
IN DIE ARMBEUGE NIESEN UND HUSTEN

Wenn du niesen oder husten musst:

AB IN DIE ARMBEUGE MIT DEN VIREN!

<u>Warum?</u>

Viren und andere Krankheitserreger werden oft über die kleinen Tröpfchen weitergegeben, die man beim Niesen aus der Nase und beim Husten aus dem Mund pustet. Damit du andere nicht ansteckst, niese und huste in deine Armbeuge, dann verbreiten sich die Viren nicht durch die Luft.

Regel Nummer 3
NICHT INS GESICHT FASSEN

<u>Warum?</u>

Viren können überall leben, zum Beispiel auch auf Türklinken. Wenn du also eine Türklinke anfasst, auf der es sich gerade ein Schnupfenvirus gemütlich gemacht hat, kann es sein, dass das Virus dann auf deiner Hand oder deinem Finger klebt. Bohrst du dann mit dem Finger in der Nase oder reibst dir die Augen, kann das Virus in deinen Körper gelangen und du wirst vielleicht krank. (Beachte also Regel Nummer 1)

Regel Nummer 4
BENUTZTE TASCHENTÜCHER IN DEN MÜLLEIMER

Wenn du dir die Nase geputzt hast:

SOFORT AB IN DEN MÜLLEIMER MIT DEM TASCHENTUCH

<u>Warum?</u>

Hast du Schnupfen und putzt dir die Nase, landen unglaublich viele Viren in deinem Taschentuch. Und deswegen entsorgt man das Taschentuch am besten direkt im Mülleimer und stopft es nicht in die Hosentasche oder lässt es irgendwo liegen.

> Ein Poster mit Dr. Fridolins Regeln findest
> du zum Downloaden und Ausdrucken unter:
> halloliebewolke.com/fridolins-poster

Wilma meint, dass man sich die Regeln gut merken kann und dass sie gar nicht so schwierig sind wie Wilma erst gedacht hatte. An die Regeln möchte sie sich von nun an gern halten, nimmt sie sich vor.

Der kleine, kranke Wochenwurm gähnt und Fridolin sagt:
„Jetzt ruh dich erstmal aus, liebe Wilma. Ich wurme nach Hause und koche dir einen großen Topf meiner köstlichen Gemüsesuppe. Damit komme ich später wieder und schaue noch mal nach dir. In Ordnung?"

Und das findet Wilma sehr in Ordnung. Sie kuschelt sich in das weiche Kissen und ein paar Momente später ist sie auch schon eingeschlafen.

Und siehe da, nach ein paar Tagen, nachdem Wilma viel getrunken und die köstliche Gemüsesuppe von Dr. Fridolin Famos gegessen hat, geht es ihr schon wieder richtig gut. Ihre Nase läuft und tropft nicht mehr, der Husten ist auch verschwunden und Wilma fühlt sich so fit wie vor der Erkältung.

Weil das so ist, wurmt Wilma auf der großen Wiese umher und möchte einen Blumenstrauß für Fridolin als Dankeschön für seine Hilfe pflücken. Dabei denkt sie darüber nach, dass der Körper doch ziemlich tolle Sachen machen kann: Mit der Gesundheitspolizei gegen Viren und andere Krankheitserreger kämpfen - bis man wieder gesund ist und jedes Virus vetrieben worden ist.
Das findet Wilma schon sehr, sehr toll. Aber so bald möchte sie nicht wieder einen Schnupfen oder Husten bekommen. Deswegen achtet sie nun immer auf Fridolins Regeln und isst jeden Tag einen leckeren, roten Apfel, den sie sich bei Anton Apfelwurm abholt.

Aber nun genießt Wilma erst einmal die Sonne und die Wiese und die frische Luft und hat jetzt wieder eine Menge gelernt. Und das, denkt Wilma, ist - neben dem Gesundsein - auch eine sehr, sehr tolle Sache.

- ENDE -

Jetzt hast du eine Menge über Viren gelernt und ich hoffe, du bleibst gesund und munter!

Und wenn du noch mehr mit mir lernen und rätseln und malen möchtest, dann schau dir doch auch meine anderen Bücher an.

Infos unter:
wilmawochenwurm.de
oder halloliebewolke.com